Hoffnungsimmer

Hoffnungsimmer

Gedichte

von

Jürgen Sanders

BoD – Books on Demand, Norderstedt, 2020

Bibliographische Information der Deutschen
Nationalbibliothek:
Die Deutsche Nationalbibliothek verzeichnet diese
Publikation in der
Deutschen Nationalbibliographie; detaillierte
Informationen sind im Internet über
http://dnb.dnb.de/ abrufbar.

Hrsg., Satz und Gestaltung: Lukas Sanders

1. Auflage

Herstellung und Verlag: BoD – Books on Demand,
Norderstedt

ISBN: 978-3-750460218

Im Tal

Durstig suchen wir
die Quelle
überhören
das leise Plätschern
des Baches

Bienen

Wo sind die weißt du noch im
Frühling
bestäubend Nektar sammelnd
Bienen
Verlockend duften Blüten bieten
sich vergeblich an
Keine Äpfel Kirschen Birnen
Kräuter Erdbeeren Tomaten
kein Summen mehr
Es war einmal

Tsunami

Tod
Verwüstung
Leid
mit einem
Wellenschlag

Leere

Er öffnet die Tür
tritt in die
Hoffnungslosigkeit
Sie schweigen auf ihn ein
mit Teufelszungen
Jenseits von
Licht und Schatten
steht er
starrt ins
Schwarzgeflecht
der Stille

Mit links

Geeinzelt
bloßgestellt
am Rand
linkisch
ungeschickt
die schöne Hand
recht so

Bloßgestellt

Wenn Ängste im
Schweiß treiben
Hautfaltenrinnsale
Richtende Blicke
ein Schlag in die Herzgrube
schallendes Lachen
zeigt dir die Zähne

Urlaub

Die Toilettenspülung
Wellen und Meeresrauschen
Über uns Möwen
am Sandstrand
auf Fototapete
Zwei Zimmer mit Küche
Urlaub im Bad

In der Vorstadt

Zerstaltete Landschaft
Hochhausblöcke
die Zwischenräume ausgegrünt
Menschen eingezimmert
voneinander abgewandet
wohnen zusammen
nebeneinander
allein

Bausünden

Hochhausruinen
bröckelnder Beton
grau in grau
funktiobanal
Blicke stoßen
gegen Wände
prallen ab
Verletzungsgefahr

Basta

Redensartig sind wir
sprechen aus
dem Volksmund
stimmen zu
So ist es

Noch immer

Kadavergehorsame
buckeln und dienen
Karteileichensucher
stöbern im Archiv der
verstaubten Ideen

Versuchung

Scheinheiligen
und bösen
stellen unser Licht
in Höhlen
Sonnen uns im Schatten
ahnungsloser Opfer
heimlich verbreiteter Lügen

Herzschläge

Schlag mich
lass dich schlagen
Herzen die gemeinsam
Herzen die zusammenschlagen
Herzen die nicht
aufhören zu schlagen
Herzstillstand

zu beklagen

geschnalzt
mit erhobener zunge
marschieren wir
im gleichschritt
die brücke stürzt ein
ins wasser gefallen
kein grund zu erkennen
erhebliche verluste

Fortschritt

Stillstand
Es geht nicht weiter
Stillgestanden
Vorwärts marsch
Hurra

Schuld

Die Last
unserer Ahnen
drückt auch uns noch
in den Staub
Wir werden nicht vergessen

Brachen

Abgestellte Gespräche
in abbruchreifen Hallen
unter freiem Himmel
rotten Walzen
wortkalt grauen
Brachen

Durchatmen

Hochöfen, Zechen, Kokereien
Qualmende Schornsteine
wir rauchten auf Lunge
filterlos
Nun atmen wir durch
in Umweltzonen

Beim Betrachten alter Fotos

Bilder gelbschattig bis braun
im Schuhkarton geborgen
Irgendwann werde ich die Fotos
bearbeiten digitalisieren
Erinnerungen auffrischen
weichzeichnen verklären

Im Museum

Bilder im Schiefhang
stören den Künstler
Landschaften fließen
aus den Rahmen
über die Wand
auf den Boden
Was für ein Bild

Wortüber

Stapelt Worte hoch
zu Unerreichbarkeiten
in Nebelwirren
übersinnend

Trakl

Mensch im Leiden
Wort geworden
Heimatloser
jung gestorben
an Unlebbarkeit
des Lebens

Dornen

Dein Grab
überrost
der Duft
gelber Blüten
ich sehe
nur Dornen

Erinnerung

Herzwilde wächst
aus deinem Grab
Wer dich hier sucht
wird sich
in dir finden

Belladonna

Verswilde
Wortwuchs
grauer Stein
Tollkirschen
Welke
schöne Frau
Modern frieden
Schweigen

Am Fenster

Still lebe ich
mein Leben
auf der Stelle
und sehe
wie der Regen
vor dem Fenster
an meiner Welt
vorbeifällt

Sonne und Meer

Zwischen den Stühlen
klebt Sonne
tropft in den
fiebrigen Sand
Gierende Wellen
lecken sie auf
nehmen sie mit sich
ins wartende Meer

Vergeblich

Ein linierter Himmel
eng beschrieben
leicht gekrümmte Verse
lese ich von oben
auf die Erde nieder
in den Sand

Berauscht

Sprachler trampeln
über Zeilen
Verse füßeln
sacht davon

Schwere Zungen
trochäen lallen
Versfüßer schwanken
stolpern fallen

Lichträuber

Licht in den Blüten
lässt sie leuchten
Eine Wolke
stiehlt die Sonne
für einen Augenblick
zieht weiter

Gedanken

Ein Tag aus
Schachtelsätzen
aufgetürmte
flüchtige Gedanken
am offenen Fenster
im Abend verweht

Fragen

Dem Fenster
ausgefallene Fragen
Schuldig bleibst du
die Antwort
und gehst

Am frühen Morgen

Nachtdurchlebte
Ausgeschwemmte
stöckelbleich
Arm in Arm
vertrunken

Am Hafen

Es gibt Werfen
in den Bösen
binden knoten
Zungen lösen
Anker unser
lichten

Unschuldslamm

Die Steinerne erwachte
kauernd im Lamm
weich und rund
geborgen in Stille
wurde Gesang
hinausgetragen
rührte die Wölfe
im nächtlichen Wald
sprach sie frei

Abwege

Allein mit mir
abseits der Wege
Wildworte finde ich
suche immer weiter

In Höhlen

Blauschweige tief
und kalt
in Höhlen
Worte wachsen
tropfenweise
allmählich
mir zusammen

Befreit

Wortstichige Sätze
aus Büchern gefallen
liegen am Boden
ich lese sie auf
freie Verse
sie lassen euch grüßen

Blick in den Garten

Im Sichtbaren
hinterscheinende Bilder
Naturgestalten
ewig schön
tauchen auf
verschwinden
bleiben in mir

Momente

Fließen ins Wasserlose
werden ein See
Über den Himmelsspiegel
ziehen Riesen
Rinderherden
wolkenleicht
Momente verewigt
zu Bildern geronnen

Ein Nachmittag im Garten

Seeblauer Himmel
Unschuldswolken reisen
Rotkehlchengesang
Du bist ein Schmetterling
träumst Fliegen

Am Strand (1)

Branden Wortbrech
felsen steinen
lösen uns in Weite
Rauschen wellen
finden uns im Sand

Am Strand (2)

Die Weite ferner Gedanken
am Strand
Wellen sind wir
Spuren im Sand
Gefunden und verloren

Am Meer

Kopfblüten
Das Wehen der Blicke
im Wind der Begegnung
am Meer

Rosengarten

Lavendelduft
im Rosenschatten
Farbtupfend
flügeln Falter
Rosenschein
im Garten

Unter Bäumen

Liegst im Wortschatten
tönende Schritte
leuchten dir zu
unter Bäumen
es schweigt
nimm und lies

Pst

Wir gehen leise
durch die Felder
möchten nicht den
Schlafmohn wecken

Wir schleichen lautlos
durch die Wiesen
wollen das Zittergras
nicht erschrecken

Richtplatz

Unter uns Blutbahnen
Urteilsrinnsale
vergessene Zeugen
im Laub
Totholz Kreuzfarn
neues Leben

Einladung

Der Gekreuzigte hat
die Kirche verlassen
er lebt unter uns
Zur Herzeröffnung
sind alle willkommen

Gnade

Wir trinken vom Zublut
essen ein Stück Leib
nehmen das Vergeben
in uns auf
das Leben
in tiefer Dankbarkeit

Im Dom

In der Krypta des Doms
spüre ich
den Jenschein
der ewigen Liebe
in mir

Besinnliche Weihnacht

Die Weihnachtsgeschichte erzählt
alle Lieder gesungen
die Kerzen brennen noch
Lichtstille am
Heiligen Abend

Sommergedichte

Wortblüten
Gartengefühle
in Versen
entewigt verwelkt
überwintern im Laub

Herbst

Blätter fallen sacht
Ein geschlossenes Fenster
Herbstblumen scheinen

Der Blautopf

Magisches Blau
verwunschener Ort
Sein Zauber lässt
Lärmen verstummen
Menschen um mich
verschwinden
Die Uhr steht still
die Zeit läuft zurück
Blaues Wasser ist tief
voller Märchen und Sagen

Klausen

Was wir längst
verloren glaubten
finden wir in engen
stillen Gassen
An Weingärten vorbei
gehen wir den steilen Weg
der Leiden Christi
verweilen in der Kirche
dem kühlen Ort heiliger Stille
Über die Klostermauer
ein letzter Blick ins Tal
Ruhig fließt der Eisack
auf der Autobahn strömt der
Verkehr
und Klausen ruht

An meine Muse

Ich schreibe kein
Liebesgedicht
Es schreibt sich
durch dich

Worte

Auflauscher
bin ich
deiner Worte
Klang
verslüstern
dir verfallen

Mit dir

Im Tagsand zerronnen
trübe Gedanken
Mit dir leben
überlieben
geborgen in
Friedsamkeit

Frühling

Zarte Worte
winterharte
unter dichtem Laub
Bald schon
spüren sie das Licht
und werden
wachsen
duften
blühen

Sommer

Das Rosen deiner Wilde
lässt mich scheinen
in uns Garten
Wir sind sommerleicht
und wehen

Verwundert

Ein Wehen spricht
ein Windgedicht
leichtversig hell
es wunderlicht

Ein kleiner Gedanke

Sich in die Augen sehen
ohne zum anderen hoch
oder auf ihn
herabzuschauen

Im Wald

Gespräche
unter Bäumen
zuhören
mit ihnen reden

Hoffnungsvoll

Wir führen Krieg
mit der Natur
unsere Kinder
schließen Frieden
wollen mit ihr
weiterleben

Das Gute

Ich glaube nicht
an den guten Menschen,
aber an das Gute
im Menschen.

Inhalt

69